LE

CONGRÈS INTERNATIONAL

DE

DROIT COMMERCIAL

TENU A ANVERS EN 1885

PAR

ALFRED DE COURCY
Administrateur de la Compagnie d'Assurances générales.

Extrait de la Revue critique de Législation et de Jurisprudence.

PARIS

LIBRAIRIE COTILLON

F. PICHON, SUCCESSEUR, IMPRIMEUR-ÉDITEUR,

Libraire du Conseil d'État et de la Société de législation comparée,

24, RUE SOUFFLOT, 24.

—

1885

LE

CONGRÈS INTERNATIONAL

DE

DROIT COMMERCIAL

Tenu à Anvers en 1885

LE

CONGRÈS INTERNATIONAL

DE

DROIT COMMERCIAL

TENU A ANVERS EN 1885

PAR

ALFRED DE COURCY
Administrateur de la Compagnie d'Assurances générales.

Extrait de la REVUE CRITIQUE DE LÉGISLATION ET DE JURISPRUDENCE.

PARIS

LIBRAIRIE COTILLON

F. PICHON, SUCCESSEUR, IMPRIMEUR-ÉDITEUR,

Libraire du Conseil d'État et de la Société de législation comparée,

24, RUE SOUFFLOT, 24.

1885

LE

CONGRÈS INTERNATIONAL

DE

DROIT COMMERCIAL

Tenu à Anvers en 1885

On peut douter s'il y a lieu de poursuivre comme un but l'unification *des lois civiles* des diverses nations. Les traditions, les institutions, les mœurs diffèrent trop pour que les législations ne soient pas dissemblables. Dans chaque pays, les hommes d'État, les légistes et les publicistes qui travailleront au perfectionnement de la législation feront assurément d'utiles emprunts aux pays voisins. Des études de législation comparée ont un intérêt considérable. Lentement il s'opérera des réformes qui seront des rapprochements. Il en est de même des institutions politiques et des institutions militaires. Les nations sont imitatrices. Mais la poursuite directe d'un Code civil universel me semblerait aussi vaine que celle d'une langue universelle. Le but est si lointain qu'il en paraît chimérique.

Je trouve assez piquante l'observation que c'est en Angleterre, pays des traditions les plus jalouses et, si je l'ose dire, les plus insulaires, que s'est formée, par une sorte de réaction, une association se proposant ce but d'unification des législations. Il y a là un groupe nombreux d'esprits distingués et de fort honnêtes gens qui s'amusent à convoquer successivement, dans diverses villes d'Europe, des congrès où l'on devise assez confusément en toutes les langues, et où il arrive que plus de la moitié de l'auditoire ne comprend pas un mot de ce que dit l'orateur. On s'entend mieux au banquet final. Point n'est besoin d'être polyglotte pour goûter les mérites du champagne cosmopolite, et l'on boit, d'un accord unanime, à l'avénement du code universel.

Je confesse que je suis l'un des membres obscurs, et peu actifs, de l'association. Malgré les appels qui me sont adressés, je m'abstiens d'aller écouter des discours prononcés dans les langues que je ne sais pas. Mais moyennant ma cotisation annuelle d'une livre sterling, j'ai l'honneur de participer, de loin, à ces grandes assises des futurs législateurs du monde.

L'effort est beaucoup plus pratique s'il se concentre, ce qui, en fait, a eu lieu d'ordinaire, sur la législation commerciale et maritime. Ici, en effet, les avantages de l'unification des coutumes frappent tous les yeux, et le but, dont nos aïeux s'étaient déjà rapprochés, n'apparaît pas dans un lointain trop chimérique. La lettre de change est une monnaie qui a cours partout, sans qu'on regarde à l'effigie, et le commerce maritime est essentiellement cosmopolite. Tous les pavillons se mêlent dans tous les ports. Le besoin d'unifier les lois est manifeste. Il ne semble pas que les traditions, les institutions ni les mœurs doivent opposer des obstacles insurmontables. Le besoin était si bien senti dès le moyen-âge que la force des choses avait établi une sorte de jurisprudence universelle sous le nom d'us et coutumes de la mer. Aujourd'hui les législations de Douvres et de Calais diffèrent certainement plus que ne différaient, il y a plusieurs siècles, celles de la Suède, des villes Hanséatiques, de la France, de l'Espagne, de l'Italie, des Échelles du Levant, alors que les tribunaux du Nord appliquaient les lois Rhodiennes, les jugements d'Oléron, plus tard l'Ordonnance de Colbert, alors que les jurisconsultes du Midi invoquaient l'autorité des Ordonnances suédoises de Wisby ou de celles de la Hanse teutonique.

Sans m'exagérer l'importance des résultats, j'applaudis donc à l'inspiration qu'a eue le gouvernement Belge, à l'occasion de l'Exposition d'Anvers, de convoquer dans cette ville un congrès international *de Droit commercial* qui s'est ouvert le 27 septembre dernier et s'est clos le 3 octobre. L'un des intérêts de la réunion a été d'y voir figurer des délégués du Japon, dont l'un, en français, et en excellents termes, a rendu hommage à la science européenne en annonçant qu'un Code de commerce est en élaboration dans son pays. La France était représentée par plusieurs jurisconsultes distingués, et notre éminent collaborateur, M. Ch. Lyon-Caen, a pris une part considérable aux discussions.

Empêché de me rendre à une courtoise et flatteuse invitation, j'avais voulu témoigner de mes sympathies en dédiant au congrès un mémoire sur une des questions qui devaient être traitées : *l'exagération des valeurs assurées.*

Le congrès s'était divisé en deux sections, dont l'une discutait la lettre de change et l'autre le droit maritime. Je ne parlerai ici que du droit maritime, qui m'est plus familier. Les bornes d'un article ne me permettraient pas d'examiner successivement 44 solutions, votées, en si peu de temps, sur des questions souvent controversées. Il y a eu là une précipitation inévitable qui a dû amener quelques imperfections. L'ensemble est certainement judicieux et forme un document qui sera consulté avec fruit. J'indiquerai les solutions principales, et celles sur lesquelles j'aurai à présenter des réserves.

J'ai obtenu presque entièrement satisfaction sur la question qui était l'objet de mon mémoire. Que l'assurance soit un contrat d'*indemnité* et ne doive jamais procurer un bénéfice à l'assuré, c'est un principe que tous les jurisconsultes sont unanimes à proclamer. Malheureusement, la plupart des législations le violent par un respect excessif de la convention de *la valeur agréée*, et les usages commerciaux conduisent trop souvent à cette violation d'un principe d'ordre public. Au moyen de l'exagération de la valeur agréée, valeur que l'assureur est hors d'état de contrôler, l'assuré obtient un bénéfice en cas de perte. Il est intéressé à la perte des choses, ce qui est le désordre, ce qui devient la cause des incuries, sinon des crimes. La solution n° 27 apporte le remède. Elle affirme d'abord le principe que l'assurance est un contrat d'indemnité, ce qui n'était dans aucun texte. Elle ajoute que *nonobstant toute stipulation contraire et même en l'absence de fraude*, ce qui est la disposition efficace, l'assureur peut contester la valeur attribuée à l'objet assuré par le contrat, s'il prouve qu'elle est exagérée. Elle met la preuve à la charge de l'assureur. Rien de plus juste. Seulement, elle rapporte l'exagération à la valeur qu'avait l'objet au lieu et au moment *du départ.* Il y a ici une irréflexion et une idée fausse. Qu'importe le jour fortuit *du départ,* lequel n'est pas même celui du chargement, et est moins encore celui des achats ?

Si j'attends de Java des sucres *partis* il y a deux mois par un navire à voiles, et les fais assurer aujourd'hui, ils ont été chargés depuis trois ou quatre mois, achetés depuis six mois peut-être ou davantage. Peut-être je les ai achetés aujourd'hui même, au cours actuel qu'ont les sucres en France et non pas certes au cours qu'ils avaient à Java il y a deux mois. J'ai le droit d'ignorer la date précise *du départ*, et d'ignorer ce que valaient à cette date les sucres à Java. La date effective *du départ*, qui a pu être retardé par des vents contraires, par les lenteurs du chargement, par une maladie du capitaine, par des fêtes locales, etc., ne correspond à aucune idée commerciale. Voilà un exemple, j'en ai noté plusieurs, des erreurs de rédaction où tombent des jurisconsultes, par une connaissance insuffisante de la pratique des choses. La date *du départ* n'a aucune signification. Il fallait écrire : au lieu et au jour *du contrat*. C'est la seule idée juste, et la seule idée juridique. L'intention abusive d'exagérer la valeur assurée ne se manifeste qu'au jour du contrat. Je n'aperçois pas le moindre abus à ce que je fasse assurer mon chargement de sucres cinq cent mille francs s'il vaut *aujourd'hui* cette somme, eût-il valu deux cent mille francs de moins, à Java, deux mois plus tôt.

La disposition n'a pas été votée au congrès d'Anvers sans une vive résistance des partisans à outrance de la valeur agréée. Ceux-ci, en s'obstinant, ont eu la satisfaction d'obtenir un petit succès, dans un retour offensif d'arrière-garde. Ils ont réussi à faire voter que « l'assureur du navire assuré *au voyage ou à* « *terme.....* ne peut contester la valeur assurée à raison d'une « dépréciation survenue *en cours de voyage.* » Le mot de *terme* n'étant pas répété, le paragraphe manque de symétrie et il est assez difficile de le comprendre. Voici le litige à prévoir. Un navire assuré *à terme* l'est d'ordinaire pour une année de navigation, avec des prolongations éventuelles, parfois jusqu'à son retour dans son port d'armement, ce qui peut durer deux ans et davantage. J'ai connu d'ailleurs des assurances pour trois ans, pour cinq ans de navigation. Pendant un laps aussi long, le navire accomplit un très grand nombre de voyages, en gagnant un grand nombre de frets. Il s'use, il se déprécie, sa valeur peut être notablement diminuée vers la fin *du terme*. Il ne s'agit donc aucunement d'une assurance *au voyage* ni d'une dépréciation survenue *en cours de voyage*. L'assureur ne sera-t-il pas admis à prouver que la valeur agréée du navire neuf ou nouvellement réparé a été diminuée par le temps et l'usage? Le paragraphe semble bien refuser de l'admettre à cette preuve. Qu'on y prenne garde. C'est la négation du principe proclamé que l'assurance est un contrat *d'indemnité*. L'armateur gagnera certainement en recevant, pour un navire *déprécié*, la valeur agréée d'un navire neuf.

Le paragraphe est donc regrettable. Si l'on ne voulait pas prévoir expressément cette conséquence logique du principe, il était plus à propos de ne rien dire et de laisser les tribunaux juges des conséquences à en tirer.

Le congrès constate très judicieusement, par la solution n° 37, que l'ancien prêt à la grosse, celui qui se faisait *au propriétaire* du navire ou des marchandises, étant tombé en désuétude, *il n'y a plus de motif* de le réglementer légalement. La loi ne doit s'occuper que du prêt fait au capitaine en cours de voyage. J'en suis pleinement d'accord. Par la plus étrange distraction, le congrès vote immédiatement, *sans motif*, trois solutions s'appliquant à cette opération tombée en désuétude. Il n'y aurait pas le plus léger inconvénient à supprimer ces trois solutions inutiles, nos 38, 39 et 40, en abrégeant d'autant l'œuvre du congrès.

Je proposerais volontiers d'autres suppressions, notamment en ce qui se rapporte aux avaries communes et aux conditions des assurances maritimes. Les légistes qui font de la doctrine savante sur ces matières oublient trop qu'elles sont du domaine de la plus libre convention, dans les seules limites des considérations d'ordre public et de morale. Ainsi on a écrit des volumes et des dissertations sans fin sur les avaries communes et leurs caractères constitutifs. Il semble bien souvent qu'on n'a pas lu l'article 398 du Code de commerce portant : « *A défaut de conventions spéciales* « entre toutes les parties, les avaries sont réglées conformément « aux dispositions ci-après. » La convention spéciale peut donc renverser à son gré tous les échafaudages de doctrines.

En fait, la convention spéciale entre toutes les parties est rare pour les avaries communes, mais elle a toujours lieu pour les assurances maritimes, ce qui diminue considérablement l'importance de l'œuvre du législateur. C'est la convention, non la loi, que devra interpréter la jurisprudence.

Ainsi les assureurs déterminent, comme ils l'entendent, les cas de délaissement dans leurs polices. Le congrès d'Anvers s'avise de déclarer, solution n° 38, que « Le droit de délaisser, consacré « par l'usage, doit être maintenu... en cas de perte totale de la « chose assurée, *mais non en cas de perte aux trois quarts*... Les « parties *restent libres* de stipuler *d'autres cas* de délaissement. »

Je lis et relis à plusieurs fois. En vérité, qu'est-ce à dire? Les parties *restent libres* de stipuler *d'autres* cas de délaissement. *Autres*, apparemment, que la perte aux trois quarts, laquelle, vient-on de déclarer, *ne doit pas être maintenue*. Si je ne me trompe, c'est, grammaticalement, ce que cela signifie, et je ne découvre aucun autre sens. Il sera donc interdit de stipuler que la perte aux trois quarts est un cas de délaissement. Les doctes membres du congrès d'Anvers y ont-ils bien songé? Ont-ils eu vraiment l'intention de prohiber cette stipulation, consacrée, celle-là, par un usage universel, consacrée par notre Code de commerce et par presque toutes les législations? Je les supplierais d'indiquer un motif. Je désespère de deviner quelles raisons d'ordre public ou de morale limiteraient, sur ce point, la liberté des conventions, et pourquoi il deviendrait prohibé de stipuler le droit au délaissement en cas de perte aux trois quarts, ou même en cas de perte de moitié, s'il en prenait fantaisie aux assureurs.

Non, la liberté des conventions est entière, la solution n° 36 est irréfléchie et ne mérite encore que d'être supprimée.

Je ne critiquerai pas, en elles-mêmes, les solutions n°s 32, 33, 34 et 35. Elles sont judicieuses. Il est peu utile de les mettre dans la loi. La convention et la jurisprudence suffiraient.

Diffuse, critiquable, réservant d'ailleurs la convention contraire, la solution n° 31 est à supprimer. On ne rencontrera pas cet assureur impatient de payer la totalité de la somme assurée dès qu'il aura connaissance du sinistre, par le télégraphe sans doute, car on connaît aujourd'hui tous les sinistres par le télégraphe, et n'attendant pas les pièces justificatives, afin d'être dispensé de payer des frais de sauvetage ou d'expertise. C'est de l'hypothèse chimérique.

Les solutions nos 28, 29 et 30 sont judicieuses, et il serait utile de les mettre dans la loi, pourquoi? Parce qu'il y a des tiers intéressés au contrat sans y avoir été parties contractantes. La liberté des conventions ne suffit donc pas. Voici déjà vingt ans écoulés depuis que je m'honore d'avoir proposé à la Commission de 1865, pour trancher une difficulté grave née de ce qu'on appelle l'ordre des dates des diverses polices, la solution admise déjà par le Code allemand, et qui porte le n° 30 dans l'œuvre du congrès d'Anvers. Il était injuste et intolérable d'opposer l'ordre des dates au véritable propriétaire des choses assurées, lorsque la police antérieure avait été faite sans mandat. La solution n° 30 explique très bien que l'ordre des dates est seulement applicable « aux assurances multiples faites sans fraude et contre les mêmes « risques par les mêmes intéressés, agissant en personne ou par « mandataire. »

J'estime au surplus qu'une saine jurisprudence devrait le décider ainsi, même sous l'empire du texte de l'art. 359 de notre Code de commerce.

Si je passe aux avaries communes, j'aurai à reproduire mes observations sur des recherches intempestives de doctrines. Que de dissertations, disais-je plus haut, l'on a entassées sur l'avarie commune! L'un veut que les principes en soient cherchés en dehors de l'équité naturelle, ce qui me paraît assez risqué. L'un exige *la nécessité* du sacrifice en même temps que l'acte *volontaire*, sans réfléchir que ce sont deux idées qui s'excluent, et qu'un acte cesse d'être volontaire, s'il est nécessaire. L'un exige une délibération préalable des principaux de l'équipage, en même temps qu'un péril à éviter, et un péril *imminent*. Encore deux idées qui s'excluent. Si le péril est *imminent*, on n'a pas le loisir d'assembler l'équipage autour d'une table pour délibérer, avec un scrutateur recueillant les voix, et un secrétaire dressant le procès-verbal motivé. Et puis, si un coup de mer a emporté l'équipage, le capitaine resté seul avec le mousse ne pourra donc plus, suivant ces docteurs, sauver le navire et la cargaison par une manœuvre suprême, parce qu'il n'aura personne avec qui délibérer? Ou devra-t-il délibérer avec le mousse?

Un autre docteur enseigne que le péril peut n'être pas *immi-*

nent, mais il lui faut absolument un péril. Sans cela, quelques mesures qui soient prises dans l'intérêt commun, elles ne seront pas des avaries communes. Un autre distingue le jet régulier du jet irrégulier, par des subtilités sophistiques. Le jet *irrégulier* sera celui qu'on aura fait au moment du plus grand péril, celui qui aura le plus incontestablement sauvé le navire, parce que la délibération lui aura manqué. Un vieux praticien de Gênes, Targa, raconte plaisamment que, pendant soixante ans, il n'a connu que quatre ou cinq exemples de jet *régulier*, lesquels furent suspects de fraude, *parce que les formalités avaient été trop bien observées*. Voilà les garanties du formalisme.

Un autre docteur, remarquant qu'on dit *le salut commun*, découvre que le sacrifice doit avoir sauvé le navire et la cargaison à la fois, sinon ce ne sera pas *le salut commun*. En conséquence le capitaine qui aura jeté à la mer sa cargaison entière pour sauver son navire ne contribuera pas à la perte de la cargaison. Celui qui aura sacrifié son navire pour sauver la cargaison n'aura contre la cargaison qu'il a sauvée aucun recours en contribution pour la perte de son navire.

Enfin, un dernier docteur, si c'est le dernier, et celui-ci a malheureusement trouvé crédit auprès de la Chambre des requêtes de la Cour de cassation, invente que l'acte le plus caractérisé de sacrifice volontaire ayant sauvé le navire et la moitié de la cargaison cesse de produire l'avarie commune lorsque le péril conjuré était né *d'une faute*. Le propriétaire de la moitié de la cargaison qui a été sacrifiée n'a de recours que contre *l'auteur de la faute*, lequel est d'ordinaire insolvable [1].

Je dirai à la louange des membres du congrès d'Anvers que de toutes ces subtilités d'école ils n'ont retenu qu'une seule. C'est encore trop. La solution n° 21, après avoir assez bien défini l'avarie commune, porte : « Il ne suffit pas que la dépense « ou le sacrifice soit dicté par un intérêt commun quelconque ; « le but de cette mesure d'intérêt commun *doit être d'échapper*

[1] J'ai déjà combattu cette opinion dans la *Revue critique*, 1883, p. 659 et dans les *Questions de droit maritime*, (3e série), p. 181 et suiv. Elle a été également repoussée par M. Ch. Lyon-Caen, *Journal du Palais*, 1882, p. 1028 et suiv. V. aussi Lyon-Caen et Renault, *Précis de droit commercial*, II, n° 1957.

« *à un danger*, sans que l'imminence du danger soit requise. »

Ainsi, le sentiment *d'un danger*, ce danger fût-il faible, éloigné, sera nécessaire. Une dépense de 10,000 francs qui aura épargné au navire et à la cargaison 200,000 francs de dépenses prévues, cette dépense si intelligente, si opportune, si utile, méritant au capitaine qui l'a ordonnée les témoignages de la plus vive reconnaissance de la part des intérêts communs qu'il a servis, ne sera pas une avarie commune, si le capitaine n'était pas en présence d'un péril. De grâce que sera-t-elle donc, et qui la supportera? Le capitaine qui l'a ordonnée, en épargnant 190,000 francs aux intérêts communs? Il ne sera pas tenté de recommencer.

Rien ne me serait plus facile que de disputer sur les mots. Est-ce que la perspective de 200,000 francs de dépenses auxquelles on va être obligé, si le capitaine ne prend pas résolument une mesure opportune, n'est pas *un danger?* N'est-ce pas *échapper à un danger* que d'épargner cette énorme dépense, au moyen d'une mesure intelligente, telle qu'un remorquage qui coûtera 10,000 francs? N'est-ce pas un acte de préservation commune des intérêts confiés au capitaine, et l'idée de préservation commune diffère-t-elle beaucoup, devant le bon sens, de celle de salut commun?

N'y a-t-il pas, pour des marchandises, un autre *danger* à séjourner longtemps dans un port de relâche, un danger de détérioration, d'incendie et d'avarie, le port fût-il parfaitement sûr et à l'abri des périls de la mer? Propriétaire des marchandises, n'échappé-je pas à *ce danger*, au moyen de la dépense de 10,000 francs de remorquage?

Certes, je remercierai le capitaine, et je n'essaierai pas de rejeter la dépense à son compte, en contestant un règlement de contribution. Je craindrais d'outrager la justice et la morale par mon ingratitude. Je ne craindrai pas d'offenser la langue en disant que la mesure a été *salutaire*. Je suis d'avis que des intérêts *sauvegardés* ressemblent bien à des intérêts *sauvés*. Je n'écouterai pas le juriste qui me rappellera le texte voté à Anvers [1].

[1] J'ai déjà défendu dans les *Questions de droit maritime* (1re série), p. 243 et 244, ces idées auxquelles ont adhéré MM. Lyon-Caen et Renault, *Précis de droit commercial*, II, n° 1953.

Quelle a donc pu être la pensée des membres du congrès? Ils n'étaient gênés par aucun texte, puisqu'ils proposaient des textes nouveaux. Dans leur judicieux bon sens, ils ont su faire litière des autres arguties. Ils ont effacé le mensonge de la délibération des gens de l'équipage. Ils ont expressément écarté l'exception, nouvellement inventée, de la faute initiale. Ils ont dit avec raison que, pourvu qu'un résultat utile soit obtenu, il n'est pas nécessaire que le navire et la cargaison soient sauvés tous les deux. Ils ont écarté l'*imminence* du péril. Je n'ai que des éloges pour ces décisions. Pourquoi se sont-ils attardés à exiger *un danger* auquel on échappe, quand il est manifeste, et je dirai *de sens commun*, que *l'intérêt commun préservé* suffit à légitimer l'équitable répartition de l'*avarie commune?*

Je ne me l'explique que par la puissance des préjugés et des traditions d'école. Presque tous les auteurs, en effet, pas tous, ont parlé d'échapper à un péril.

Je suis plus indépendant de ces préjugés, parce que je suis plus près de la pratique des choses. Sous l'empire de notre Code de commerce, je pourrais être gêné par le texte. Je ne le suis même pas. La disposition finale et générale de l'article 400 ne porte pas seulement : *pour le salut commun*. Elle dit : *pour le bien et salut commun*. A la vérité, on me fait observer que la particule *et* est copulative et non alternative, et que c'est moi qui avais obtenu de la Commission de 1865 d'écrire : pour le bien *ou* salut commun. Oui, j'avais proposé cette correction, en même temps que celle d'autres vices de rédaction du texte, et les jurisconsultes éminents qui m'entouraient y avaient consenti. Dans ma pensée, ce n'était qu'une correction. Si *le bien commun* procuré n'avait pas suffi par lui-même pour caractériser l'avarie commune, pourquoi l'introduction inutile de ce mot? Le *salut commun* aurait suffi.

Je n'ai pas besoin de rappeler ce que je disais tout à l'heure, que la préservation d'intérêts communs ressemble singulièrement au salut commun. J'accorderai, si l'on veut, que l'idée de salut correspond à celle d'un péril. Mais je prie de le remarquer, dans cette même disposition finale de l'article 400 il y a deux choses visées: *les dommages soufferts volontairement*, qui sont les sacrifices, les actes, et *les dépenses.* Si les sacrifices se rapportent à l'idée de péril à conjurer ou de salut commun, *les dépenses* se rapportent à l'idée de *bien commun.* Il est très rare que *les dépenses* soient faites en vue d'un péril actuel, car le péril éclate en mer, et ce n'est pas en mer qu'on fait des dépenses. La symétrie amène donc la correction de rédaction que j'avais obtenue.

J'ai les mains pleines de règlements d'avaries communes. J'en vois pour ainsi dire tous les jours. J'avertis les jurisconsultes que les arbitres classent sans cesse en avaries communes *des dépenses d'intérêt commun* qui n'ont été faites en vue d'aucun péril actuel à conjurer.

Je reprends l'exemple du remorquage. Il est un des plus frappants, il est très fréquent, et ne pouvait être prévu par le Code de commerce, antérieur à la navigation à vapeur. Au lieu de chercher des hypothèses, je cite un fait d'hier. Le grand bateau à vapeur *Château-Léoville* est parti en septembre dernier de New-York pour Bordeaux. Il a éprouvé en mer dans son mécanisme un accident grave. Il a pu gagner le port du Ferrol, en Espagne. Il était là en parfaite sûreté. Ni le navire ni la cargaison ne couraient aucun danger, sinon ceux que je signalais, des énormes dépenses et des détériorations. Le capitaine délibère, non pas certes avec les gens de son équipage, mais avec ses armateurs à Bordeaux. On converse par le télégraphe, que ne soupçonnait pas davantage le Code de commerce. A Bordeaux, nouvelle délibération entre les armateurs, les destinataires de la cargaison, et les assureurs. Il est reconnu que les réparations au Ferrol seraient ou impossibles ou extrêmement lentes et dispendieuses.

L'intérêt commun, le bien commun, est manifestement d'envoyer d'autres vapeurs prendre le *Château-Léoville* à la remorque et le conduire à Bordeaux. Par là on épargnera d'énormes dépenses, en même temps que des retards très préjudiciables. Ainsi fait-on. Deux remorqueurs affrétés en Angleterre sont allés chercher le *Château-Léoville*, qu'ils ont heureusement conduit à Bordeaux, avec sa cargaison et son équipage. Les intérêts communs ont été certainement *sauvegardés*, sinon *sauvés.* Pour une dépense volontaire d'environ 25,000 francs, on a peut-être évité 300,000 francs de dépenses. Mais il n'y avait pas à conjurer le moindre *péril*, au sens où l'entendent les juristes. Tout au contraire, on exposait le navire à un péril, une navigation à la remorque, et pendant l'hiver, présentant certains dangers. Les secousses des vagues, quand survient une tempête, cassent souvent les remorques. Ce péril a été bravé. Le résultat utile a été obtenu.

J'avertis encore les jurisconsultes que la dépense de 25,000 francs, faite dans un intérêt commun, pour le bien commun, quoique non pour échapper à un péril quelconque, va être classée en avaries communes, et qu'il n'y a pas en France, ni au monde, un praticien ou répartiteur de quelque expérience qui hésitât à la classer ainsi.

Et cependant, d'après la loi française, le *Château-Léoville* ne contribuera que pour la moitié de sa valeur. Cette faveur, faite aux armements, est la cause de l'âpreté particulière qu'ont en France les prétentions des armateurs en matière d'avaries communes, peut-être aussi l'excuse des subtilités de doctrine et de formalisme où se complaisent nos vieux auteurs. Supposez la faveur supprimée, ce qui est le vœu de tous les bons esprits et celui du congrès d'Anvers, il ne reste même plus, devant la contribution proportionnelle de tous les intérêts préservés, de prétexte à la subtilité des distinctions. — Vous êtes mis par une loi spéciale en dehors du droit commun, dit à l'armateur le légiste français, vous réclamez un privilège, justifiez que vous en remplissez toutes les conditions rigoureuses. Les privilèges sont de droit strict, et ne s'étendent pas par voie d'interprétation. — L'argument ne m'ébranle pas ; il faut toujours interpréter les textes mal rédigés, et ce n'est pas ma faute si les textes équivoques de l'avarie commune donnent lieu à tant de controverses. J'interprète donc le texte, que je corrige par l'intention. Le but de la faveur a été d'exciter le capitaine à être prompt et résolu dans l'initiative des mesures de préservation. Comme je l'ai dit ailleurs, c'est à la fois une récompense et un stimulant. Or, ce qui est fait pour le bien commun, pour épargner une énorme dépense, mérite autant d'être encouragé que ce qui est fait pour échapper à un danger.

Toutefois, sous le régime de la faveur et du privilège, je comprendrais les doutes, sans en être personnellement troublé. Le congrès d'Anvers propose de supprimer le privilège. Il n'y a plus aucun motif de s'attacher à l'idée d'un danger imminent ou non imminent. Le bien commun procuré est l'idée juste, et, de grâce, qu'on n'oblige pas les tribunaux à des arguties de distinctions entre les intérêts sauvés et les intérêts sauvegardés.

Si je dirigeais une maison d'armements, je m'amuserais à couper court, d'un trait de plume, à toutes ces logomachies. Sur mes chartes-parties et mes connaissements, j'écrirais : « La « disposition finale de l'article 400 du Code de commerce sera « entendue comme si elle portait : *Pour le bien* ou *pour le salut* « *commun.* » Il n'y a pas au monde un chargeur qui songeât à réclamer.

J'ai d'excellentes raisons d'applaudir à la solution nº 18, relative au fret qui peut être dû au navire naufragé ou atteint d'innavigabilité. Elle est conforme à celle que j'avais obtenue de la Commission de 1865, (art. 298 du Projet). Elle ferait cesser les anomalies, souvent très injustes, de ce qu'on appelle en France le fret de distance.

Je regrette que le Congrès ait, par sa solution nº 19, reproduit dans sa formule absolue, et en l'aggravant, la disposition de notre article 310 du Code de commerce, en disant « le fret entier des « marchandises arrivées à destination est dû *quel que soit leur* « *état* et le chargeur ne peut se libérer par leur abandon. » Le Congrès efface même l'exception assez bizarre des futailles vides de l'article 310, ce dont je ne me plaindrai pas amèrement, laissant la doléance aux marchands de vin. Mais je me plaindrai de l'absolu de la formule, qui conduit parfois aux iniquités les plus révoltantes. Je prie de remarquer qu'elle n'excepte pas le naufrage. On vient de dire, par la solution nº 18, qu'il n'est dû *aucun fret* pour les marchandises qui, après naufrage, ne seront pas parvenues à destination. Elles peuvent cependant avoir conservé une valeur considérable. Voici que *le fret entier* est dû, *quel que soit l'état des marchandises*, par conséquent fussent-elles sans valeur aucune, pourvu qu'elles arrivent à destination. Examinons les conséquences de ces deux dispositions absolues.

Le naufrage peut avoir lieu très près du port de destination, et dans le port même. On connaît l'adage, trop souvent vérifié : faire naufrage au port. Un navire part de l'Inde pour Dunkerque avec un chargement de graines d'une valeur de 300,000 francs, transporté au fret de 40,000 francs. Il fait naufrage devant Calais. La graine est sauvée mouillée, valant encore une centaine de mille francs. *Il n'est dû aucun fret.* La graine n'est pas parvenue à destination (solution n° 18).

Mais le navire fait naufrage en entrant à Dunkerque, ce qui est assez fréquent. Il coule, il est submergé. La graine ne peut être retirée que plusieurs jours après. Elle est en putréfaction, elle exhale des odeurs fétides et la police en ordonne la destruction pour cause de salubrité. Elle ne vaut *rien.* Comme elle est arrivée à destination, *le fret entier est dû* (solution n° 19). Le chargeur sera condamné à payer 40,000 francs pour le transport de cette pourriture. Est-ce juste ?

J'ai connu d'autres iniquités, telles que l'intolérable prétention, malheureusement admise par plusieurs décisions judiciaires en France, de ne pas faire contribuer le fret aux dépenses de sauvetage. Et puis, il y a souvent lieu à une distinction, qui a échappé au législateur, entre *l'affréteur* et le simple *chargeur.* Ce n'est pas du tout la même chose. L'affréteur a un contrat *de location* du navire, une charte-partie dont il a débattu à loisir les libres conditions. Le simple chargeur n'a qu'un contrat de transport. Il n'est pas le locataire du navire, dont très souvent il ignore jusqu'au nom. Il remet la marchandise à un bureau d'expédition où on lui promet de la transporter à tel prix, comme je remets un colis au bureau du chemin de fer. Suis-je locataire du wagon qui le transportera ? Est-il juste que je paie le prix entier du transport, si la marchandise arrive sans valeur aucune, brisée ou pourrie par un accident du transport ?

Il y a là des questions délicates et difficiles, des questions d'espèce, de droit commun, d'interprétation des conventions. J'ajoute que le destinataire, quand il n'est pas l'affréteur par charte-partie, n'est lié par aucune obligation personnelle. Il n'est pas *le chargeur.* Il refuse de prendre livraison de la marchandise sans valeur et d'en payer le fret. Quelle action a contre lui le capitaine ? Valin nous raconte que, déjà de son temps, on échappait, par *l'expédient* du refus de prendre livraison, à l'obligation de payer le fret sur la marchandise sans valeur. On éludait ainsi la disposition de l'Ordonnance qu'a reproduite notre article 310. Contrairement au texte, on *abandonnait* la marchandise pour le fret. Et Valin dit dans son bon sens : « Si le propriétaire n'avait pas la faculté d'abandonner ces marchandises pour se dispenser d'en payer le fret, sa « condition serait plus fâcheuse et plus dure que si tout eût péri « sans ressource, et *c'est ce que l'équité naturelle ne permet pas « de goûter.* »

J'étonnerai les juristes en disant que, brisant avec toutes les traditions, je proposerais une décision absolument contraire à celle du Congrès. Je dirais volontiers : « Le chargeur peut *toujours* abandonner la marchandise pour le fret. » Comme l'armateur a le droit d'exiger le paiement d'avance, et sans répétibilité, d'une partie du fret, même du fret entier — et l'on sait s'il se gêne d'user de ce droit, — je ne verrais en vérité aucun inconvénient à cette disposition.

Le congrès d'Anvers n'avait certainement pas le loisir d'approfondir ces délicates questions. Il eût sagement fait d'éviter d'affirmer une fois de plus un principe que l'équité naturelle oblige à éluder dans la pratique commerciale.

J'applaudis encore à quelques solutions relatives à l'abordage, à l'assistance et au sauvetage. Elles se rapprochent beaucoup de celles que j'ai proposées, je dois donc les déclarer sages. Faute de temps, sans doute, elles sont très incomplètes, surtout en ce qui concerne l'abordage. Le Congrès est muet sur la question la plus importante qui concerne l'abordage, celle des délais et des fins de non-recevoir. La jurisprudence française, interprétant mal, à mon avis, les articles 435 et 436 du Code de commerce, a pour les intérêts français, et pour la justice, des conséquences déplorables. Tandis qu'en Angleterre la réclamation est toujours recevable, en France tous les intérêts, même ceux des chargeurs, sont à la merci des diligences d'un capitaine ignorant ou affolé, qui aura ou qui n'aura pas signifié des protestations dans les vingt-quatre heures. J'avais signalé ce désordre à la Commission de 1865. Nous avions proposé d'y remédier par la rédaction suivante : « Sont non recevables toutes actions en indemnité pour « faits d'abordage, si la demande n'est pas faite en justice dans le « mois de la connaissance acquise de l'événement *par les inté-* « *ressés.* » On peut trouver le délai d'un mois trop court. Toute l'économie de la réforme est dans les mots que j'ai soulignés. Au moins *les intéressés* ne seraient pas déchus de leurs droits par la négligence ou l'étourderie d'autrui. — Sur cette question si grave, si éminemment internationale, les navires qui se heurtent étant de toutes les nations, le congrès d'Anvers est resté muet, ainsi que sur la compétence, dans son projet de loi maritime uniforme. Et dans ses prolégomènes, relatifs au conflit des lois, il ne s'est occupé aussi que de ce qu'avait à faire *le capitaine* (solution n° 9). Il ne paraît pas avoir pensé aux propriétaires de la cargaison, ni avoir réfléchi que le capitaine pourrait être négligent ou mal conseillé, et pourrait avoir péri.

J'ai parcouru presque toute l'œuvre du Congrès sans m'assujettir à l'ordre des numéros, qui importe ici assez peu, les jurisconsultes réunis à Anvers ayant proposé des solutions séparées sur divers points et non rédigé un code d'ensemble. Il se trouve même que j'ai réservé, pour la traiter la dernière, la question qui a été, après l'examen du conflit des lois, l'objet des premières et des plus vives discussions. Il s'agit des limites que la loi peut ou doit imposer à la liberté des conventions, dans les rapports des armateurs et des capitaines avec les chargeurs.

Cette question, très importante pour le commerce maritime, est bien actuelle. Elle agite depuis plusieurs années l'Angleterre, elle divise Liverpool et Londres, Liverpool où prévaut l'intérêt des armateurs, Londres où prévaut celui des chargeurs. Elle agite les Etats-Unis, où prévaut aussi l'intérêt des chargeurs et des réclamateurs de marchandises, depuis que le pavillon américain a été, pour ainsi dire, banni des ports européens par la concurrence de l'Angleterre, de l'Allemagne, de la Hollande, de la Norwège, de l'Italie, et aussi de la marine subventionnée de la France. J'étonnerai bien des lecteurs en ajoutant : et du Mexique. On voit encore dans les ports européens quelques navires à voiles des Etats-Unis. On y voit de magnifiques bateaux à vapeur qui portent le pavillon mexicain. On n'en voit pas un qui porte seul le pavillon étoilé.

Il faut que les docteurs de la science juridique, comme ceux de la science économique, en prennent leur parti. Les doctrines des peuples sont d'ordinaire dans la dépendance de leurs intérêts. J'ai entendu reprocher à la France de faire exception. Les Etats-Unis ne s'embarrassent pas plus d'une thèse juridique sur la liberté des conventions que de la thèse du libre échange. Pendant que dissertaient les jurisconsultes de l'Europe, ils faisaient voter au Parlement une loi qui déclare nulles et de nul effet en Amérique les clauses des connaissements du Havre et de Liverpool.

Voici, en deux mots, la question. Naguère, les armateurs, en Angleterre, étaient responsables, indéfiniment, dans les termes du droit commun, des fautes de leurs préposés, des fautes du capitaine et des gens de l'équipage. En France et chez la plupart des nations continentales, cette responsabilité était limitée par l'abandon du navire et du fret. Depuis quelques années, les Compagnies de navigation à vapeur ont imaginé de s'affranchir de toute responsabilité des fautes, par les clauses des connaissements. Cette exonération est-elle licite, devant les considérations de l'ordre public ? Convient-il que la jurisprudence la limite, et de quelle manière ? Ou est-il à propos que des lois nouvelles la limitent expressément ?

C'est là-dessus que Liverpool et Londres ne sont pas d'accord. Il y a déjà eu des congrès, il s'en rassemblait un à Hambourg, très peu de temps avant la réunion du congrès d'Anvers, qui inscrivait aussi la question dans son programme. La discussion était fort utilement éclairée par un excellent mémoire d'un membre très judicieux et très expérimenté du congrès, M. Ch. Le Jeune, sous le titre : *Les clauses d'irresponsabilité des connaissements.*

Je dirai d'abord les solutions votées à Anvers, puis je me permettrai de les discuter à mon tour.

La solution n° 11 commence par poser le principe que « Les « propriétaires de navires sont civilement responsables vis-à-vis « des affréteurs et chargeurs des faits de leurs capitaines et de « leurs préposés relatifs à la cargaison..... »

Elle ajoute aussitôt :

« Il est loisible aux parties de déroger par des stipulations par- « ticulières à cette responsabilité..... »

C'est un second principe, celui de la liberté des conventions.

Mais je n'ai pas achevé le paragraphe. Il se termine par ces mots : *sauf les exceptions ci-après,* et nous voici au cœur de la question.

Quelles sont donc *les exceptions* qui limiteront la liberté des conventions? Je m'attends à ce qu'elles soient précises. Elles sont au nombre de trois. Je lis : « Il doit être interdit aux pro- « priétaires de s'exonérer d'avance de leur responsabilité.....

« A. Pour tous les faits de leurs capitaines ou de leurs prépo- « sés qui *tendraient à compromettre le parfait état* de naviga- « bilité des navires. »

C'est bien vague. Je me suppose propriétaire d'un navire, je commencerai d'être effrayé. Certes, je ne m'aviserai pas de braver l'interdiction dans mes connaissements, et d'y stipuler que je m'affranchis de la responsabilité des faits qui compromettraient la sûreté de mon navire. Il y a là un vice de rédaction. Ce n'est pas la clause qui est interdite, elle ne sera jamais formulée. On a voulu dire que, si générales que soient les clauses d'exonération, elles ne s'appliqueront pas aux faits, etc.

Je l'entends bien ainsi et ne suis pas rassuré. *Tendre à compromettre le parfait état!* J'aurai donc des procès de tendance? Le moindre excès de charge, tout chargement sur le pont, toute pondération insuffisamment équilibrée de la cargaison tend à compromettre le parfait état de navigabilité. Et puis, si j'ai confiance dans le capitaine que j'ai choisi, il est mortel. Puis-je avoir la même confiance dans le navigateur inconnu qui le remplacera sur la désignation d'un consul? Il y a là, entre le capitaine choisi par le propriétaire et le capitaine de hasard imposé par les circonstances, une distinction nécessaire, qui n'a pas échappé aux assureurs maritimes dans la rédaction de la police française, mais qui a échappé à tous les législateurs.

Je continue :

« B. Tous ceux qui auraient pour effet de causer des dom-
« mages par vice d'arrimage, *défaut de soins,* ou *incomplète*
« *délivrance* des marchandises confiées à leur garde. »

Défaut de soins, c'est encore bien vague. Je suis donc obligé d'être le garant des soins attentifs de ce capitaine de hasard que je ne connais pas? Si je ne savais à quel litige les mots *incomplète délivrance* sont une allusion, je les comprendrais mal. Il est souvent fâcheux de rédiger des textes sous l'émotion d'un litige récent. On risque d'en faire naître d'autres. *Non délivrance* aurait exprimé une idée plus nette, en s'appliquant certainement à toute partie de marchandises *non livrée.* Je ne contesterai pas que la prétention d'une compagnie de navigation ou d'une compagnie de chemin de fer de n'être pas responsable de la marchandise égarée en route et qu'elle ne livre pas est ridicule et doit être repoussée. Les juges sont des hommes. On ne sera jamais à l'abri des erreurs judiciaires, qui sont des erreurs humaines.

L'*incomplète* délivrance s'appliquera-t-elle aux retards dans la délivrance? Sera-t-il interdit à la convention de s'exonérer de la responsabilité des retards? Ce serait bien sévère. Question de mesure, comme je le montrerai plus loin, non de principe.

Si la convention ne peut affranchir le propriétaire ni des retards, ni du défaut de soins, ni des vices d'arrimage, ni des faits qui *tendent* à compromettre la sûreté de la navigation, je ne sais trop, en vérité, de quoi elle affranchira, mais je poursuis :

« C. Pour toute baraterie, tous faits, actes et négligences ayant
« le caractère de *la faute lourde.* »

J'avertis le lecteur que c'est ici, dans ces mots de *la faute lourde,* que je vois poindre l'idée juste et la solution juridique de la question. Encore y a-t-il lieu à des distinctions. La convention par laquelle un armateur, ou tout contractant quelconque, s'affranchirait de la responsabilité de sa faute lourde personnelle devrait être nulle. Je ne crois pas qu'il soit besoin d'une loi pour le dire. Quant aux fautes des préposés, qui sont après tout les fautes d'autrui, il y a bien des degrés et des nuances. Les fautes du préposé direct, du mandataire choisi, de l'agent accrédité, investi d'une mission permanente de confiance, me paraissent l'équivalent des fautes personnelles. Si, habitant Paris, je suis propriétaire d'un navire attaché au port du Havre, j'ai un représentant dans l'armateur du Havre. Les fautes de l'armateur du Havre, commises au préjudice des chargeurs, seront des fautes personnelles. Les fautes du directeur au Havre de la Compagnie Générale Transatlantique, du directeur à Marseille de la Compagnie des Messageries Maritimes, sont des fautes de l'administration, bien que ces sociétés aient leur siège à Paris. La convention qui affranchirait l'administration de ses fautes lourdes serait nulle.

S'agit-il des capitaines, qui, dans les mœurs commerciales modernes, sont presque toujours étrangers aux fonctions de la gérance et n'ont que des attributions de commandement nautique? C'est déjà plus douteux. Au temps où ils étaient des gérants commerciaux, frétant le navire, achetant et vendant des marchandises, j'ai toujours été d'avis qu'il y avait lieu de distinguer entre les fautes de la gérance, dont les assureurs n'étaient pas garants, et celles du commandement, qu'ils devaient garantir. La jurisprudence entrait dans cette voie de distinction, bien qu'un peu timidement. M. Ch. Le Jeune a présenté dans son mémoire, sur les fautes nautiques, des considérations fort justes, dont s'est inspiré le Congrès sur la solution n° 14, comme on va le voir tout à l'heure. Je ne suis pas certain que l'ordre public soit intéressé à interdire aux armateurs de s'affranchir de la responsabilité de toutes les fautes nautiques, même lourdes. Le jurisconsulte qui inclinerait à la sévérité, à l'égard du capitaine choisi par les armateurs, devrait du moins être indulgent à l'égard du capitaine de rencontre imposé par les circonstances.

Quant aux préposés subalternes et aux matelots, plus ils sont éloignés de l'action et de la surveillance possible des armateurs, plus il est légitime que ceux-ci s'affranchissent de la responsabilité des fautes, — si c'est la convention acceptée par les affréteurs ou chargeurs. Le matelot qui éteint mal une pipe à bord de mon navire à Calcutta et cause un commencement d'incendie qui endommage les marchandises commet assurément une faute, et, si l'on veut, une faute lourde. Je n'aperçois pas quels moyens j'ai, de Paris, pour prévenir cette faute, ni par conséquent pourquoi je ne pourrai pas convenir, [dans le contrat d'affrétement, que je n'en serai pas responsable.

Je fais observer qu'à la fin de la solution n° 11, le congrès d'Anvers admet la responsabilité limitée à la valeur du navire et du fret pour tous les faits des préposés, même pour les fautes les plus lourdes. Quand le navire a péri, la responsabilité est donc illusoire. Comme l'abandon ne comprend pas les assurances, l'armateur assuré ne supporte aucun dommage quelconque. Il y a là une anomalie, une contradiction doctrinale qui n'a pas été remarquée. J'y reviendrai.

Je passe à la solution n° 14, spécialement relative au capitaine. « En principe, il répond personnellement de ses fautes à l'égard « du chargeur. » J'en suis d'accord, c'est du droit commun. « Par exception, il ne doit pas répondre de ses fautes nautiques, « lorsque celles-ci n'ont pas le caractère du dol ou de la faute « lourde. » J'en suis encore d'accord, *en pratique*, et c'est le fruit des judicieuses observations de M. Ch. Le Jeune, mais j'avoue que je laisserais prononcer cette immunité à la convention, ou à une jurisprudence indulgente, présumant, d'après les mœurs, la convention tacite. Quand on maintient l'effrayant article 1384 du Code civil, qui m'expose à des responsabilités illimitées sans que j'aie commis aucune faute quelconque, je trouverais étrange d'absoudre, par une loi, les fautes personnelles et professionnelles d'une classe particulière de citoyens.

Je ferai, sur la solution n° 16, dernier paragraphe, une seule observation qui n'a pas trait à la discussion présente :

« En cas de désaccord entre la charte-partie et le connaisse- « ment, *il y a lieu de donner la préférence au connaissement.* »

Je déclare être du sentiment absolument contraire. La charte-partie est un acte réfléchi, dont les clauses ont été débattues à loisir. Elle est très souvent passée par le ministère d'un courtier conducteur et interprète de navires, lequel est un officier public, et elle est alors un acte authentique. Le connaissement est toujours dressé avec précipitation, rarement signé des deux parties, plus rarement lu. C'est œuvre d'expéditionnaire, où les erreurs et les lapsus sont faciles, où les surprises seraient faciles aussi; et, en fait, les erreurs de dates, de lieux, de marques, de nombres, de poids, foisonnent dans les connaissements, souvent écrits dans des langues que ne sait pas le destinataire. Je n'hésite pas à donner la préférence à la charte-partie, quand il y a désaccord. Bien entendu, si le connaissement est *signé des deux mêmes parties*, il peut déroger au contrat antérieur. C'est alors une convention modifiée.

Maintenant, j'aborde la discussion de la question réservée. Je vais l'étendre et la généraliser singulièrement. Il s'agit de bien autre chose que des clauses des connaissements, simple détail, suffisant cependant pour agiter les États-Unis et l'Angleterre. Il s'agit, pour le jurisconsulte, des droits de la libre convention et des limites que peut lui opposer l'intérêt public. Il s'agit notamment de la liberté des assurances, à quoi l'on ne pense pas.

M'est-il permis de m'affranchir par la convention, vis-à-vis des tiers avec lesquels je puis contracter, des responsabilités menaçantes des art. 1382, 1383 et 1384 du Code civil? Je dis que c'est la question, et je réponds résolument : Oui, cela m'est permis, sauf le dol et la fraude, et la faute lourde qui est une espèce de dol. *Lata culpa quæ dolo æquiparatur.*

M'est-il permis de m'affranchir par la convention, qui s'appelle ici un bail, vis-à-vis de mon propriétaire, de la responsabilité du risque locatif d'incendie ? vis-à-vis de mes voisins, du risque de communication d'incendie ? vis-à-vis de mon fermier, ou de l'unique riverain de mes bois, de la responsabilité des dégâts de mes lapins ? Oui, cela m'est permis, sauf le dol, la fraude et la faute lourde.

Et comme je ne peux contracter avec des tiers inconnus, m'est-il permis de m'affranchir d'une autre manière, en transportant à une Compagnie d'assurances les risques des recours de ces tiers inconnus?

J'ajouterai enfin :

M'est-il permis de faire assurer ma propriété personnelle contre les accidents qui proviendraient de la faute de mes préposés, *et de ma faute personnelle?*

C'est toujours la même question : liberté des conventions. S'il y a désordre à ce que je m'affranchisse par un contrat de la responsabilité de mes fautes, il y a désordre identique à ce que, par un autre contrat, je stipule l'indemnité de ma faute.

Je soutiens que tout cela m'est permis.

J'entends se récrier les vieux légistes que je scandalise. L'ombre de Valin se dresse indignée, contre un de ses admirateurs et de ses disciples. L'ancien droit était si imprégné de l'idée que la faute n'est pas un cas fortuit que l'on excluait en principe, de la garantie des assureurs maritimes, même la faute d'autrui ou la baraterie. C'était une tolérance, une concession aux usages du commerce, une dérogation au principe de permettre la convention contraire. Valin écrivait : « *Par la nature du contrat d'as-* « *surance*, l'assureur n'est chargé de droit de répondre que des « pertes qui arrivent par cas fortuit, par fortune de mer, *ce qui* « *est tout à fait étranger aux fautes* que peuvent commettre les « maîtres et les mariniers. » Emerigon n'osait contester que bien timidement le principe. Son bon sens pratique l'amenait cependant à dire : « La baraterie n'est pas moins un risque et un très « grand risque maritime, puisqu'on est obligé de confier son « bien aux gens de mer qui peuvent oublier quelquefois les « devoirs de leur état ou qui, par imprudence, occasionnent des « pertes. »

Quant à la garantie de la faute personnelle de l'assuré, Valin n'admettait pas la possibilité d'une dérogation au principe. Il en repoussait la pensée avec une énergie qui allait jusqu'à une violence inusitée d'expressions. « Aucune clause » — dit-il — « ne « peut charger valablement les assureurs des dommages qui « arriveraient de cette manière. Une telle clause serait ABSURDE, « ILLUSOIRE ET FRAUDULEUSE. « *Pacta non sunt servanda quæ* « *ad delinquendum provocant.* »

Si Valin vivait de nos jours, il aurait son mobilier et sa précieuse bibliothèque assurés contre l'incendie. Il recevrait la *Revue critique de législation et de jurisprudence.* Il pourrait avoir la mauvaise habitude de lire dans son lit, et s'endormir sur le présent article, à moins que l'irritation ne le tînt éveillé. Il aurait laissé sa chandelle allumée trop près de ses rideaux.

C'est une faute personnelle. Réveillé en sursaut au milieu des flammes, fuyant à demi vêtu dans la rue et assistant à la destruction de son mobilier, il devrait soutenir intrépidement qu'il n'a souffert d'aucun cas fortuit. Sa conscience de juriste lui interdirait de présenter une réclamation à la Compagnie d'assurances. La clause, ou la convention tacite, qui le protégerait serait ABSURDE ET FRAUDULEUSE. Il me semble seulement qu'elle ne serait pas ILLUSOIRE. Ce qui serait illusoire serait une assurance contre l'incendie qui excepterait les fautes, car presque tous les incendies proviennent d'une faute.

L'ancien droit était resté pénétré des idées de Valin. Le droit maritime s'en dégage avec peine, et c'est pourquoi l'on dispute sur la validité des clauses d'exonération des connaissements. Le Code de commerce, reproduisant une disposition de l'Ordonnance, porte, article 351 : « Toutes pertes et dommages provenant du « fait de l'assuré *ne sont point à la charge de l'assureur.* » Malgré tant d'excitations de la concurrence et des courtiers, de recherches ingénieuses des assurés, de complaisances des assureurs, il est très remarquable que je n'ai jamais eu connaissance, dans les assurances maritimes, d'une demande de dérogation à l'article 351, afin de garantir, par la convention, la faute personnelle de l'assuré. Je suis obligé de déclarer qu'une telle convention serait licite et valable, — toujours sauf le dol, la fraude, et la faute lourde confinant au dol.

Comment, en effet, justifierait-on une exception pour les assurances maritimes, quand toutes les autres assurances se développent librement en garantissant la faute ? Je viens de le dire, une assurance contre l'incendie qui ne garantirait pas la faute serait illusoire. Toutes les assurances de risques locatifs sont des garanties de fautes présumées, les assurances de risques de voisins des garanties de fautes démontrées. Les assurances contre les accidents de voitures garantissent des fautes. On n'imagine pas de refuser l'indemnité au propriétaire qui conduit sa propre voiture et qui a pu être un cocher malhabile. On a beaucoup préconisé, dans ces dernières années, même comme une institution sociale, les assurances contre les accidents corporels des ouvriers de l'industrie. Il y a une Caisse d'État fondée à cet effet par une loi. Il y a un projet de loi, très mal conçu, suivant moi, du précédent ministre du Commerce, qui va jusqu'à obliger les patrons, sous peine de fortes amendes, à faire assurer leurs ouvriers contre les accidents corporels. Jamais on n'a songé à refuser l'indemnité à l'ouvrier qui se serait blessé par sa propre imprudence. C'est cependant bien, aux termes de l'article 351, *le dommage provenant du fait de l'assuré.*

Or, encore une fois, s'il est licite à la convention d'acheter la garantie de la faute personnelle, peut-il lui être interdit de s'exonérer directement des conséquences de la faute, envers le contractant, par un contrat spécial ? Un membre très distingué du congrès d'Anvers, M. Ch. Sainctelette, ancien ministre des travaux publics en Belgique, a semblé contester cette logique. « Je « ne crois pas, a-t-il écrit, que *du point de vue de la conscience,* « il y ait équation entre la stipulation expresse de renonciation « au recours et le recours garanti par l'assurance. » J'en demande pardon à l'habile jurisconsulte qui aime, ce dont je l'honore, à envisager dans le droit des aperçus philosophiques, ceci est ingénieux, peut-être subtil. Que l'équation ne soit pas philosophiquement exacte, j'en conviendrai volontiers, mais *au point de vue pratique,* la différence est bien légère. Le locataire garanti par une assurance contre les risques locatifs et celui qui s'en sera exonéré par le bail n'auront guère plus de troubles de conscience l'un que l'autre. Je suis persuadé qu'ils s'embarrasseront peu de l'équation. Je dirai même qu'au point de vue du raisonnement, l'assurance qui absout les fautes, en général, me paraîtrait plus critiquable que la convention d'exonération, laquelle ne s'applique qu'au seul contractant. Le contrat d'exonération est un témoignage individuel de confiance. On fera confiance à tel locataire ou à tel voisin, parce qu'on le sait prudent, on pourra résister à la demande d'un autre. L'assurance n'a pas ces discernements. Je n'insiste pas sur l'observation, bien que je l'estime juste. Il me suffit que les exigences de l'ordre public, si l'ordre public doit en avoir, soient les mêmes devant l'exonération et devant la garantie des fautes.

Tous les juristes, anciens et modernes, sont d'accord sur

ceci : des intérêts d'ordre public peuvent seuls limiter la liberté des conventions. Il n'y a donc qu'à chercher où est l'intérêt public.

Or, c'est certainement un immense intérêt public de supprimer des occasions de procès, et c'en est un autre de supprimer des occasions de ruine.

Excepté pour les avocats, les procès sont toujours des accidents très fâcheux, même pour ceux qui les gagnent. Un procès est par lui-même un désordre, et un désordre moral. C'est la querelle, l'inimitié, la rancune, les mauvaises passions surexcitées, trop souvent l'emploi des arguments de mauvaise foi. C'est une malencontreuse dépense de temps et d'argent. C'est le souci rongeur, pendant des années, l'anxiété et l'insomnie, parfois le dépérissement de la santé. Je n'en parle pas par expérience. J'ai eu ce bonheur, dans ma longue vie, de n'avoir jamais un procès personnel. Je n'ai connu que la crainte des procès. Elle a été déjà une anxiété.

Toute ruine privée est une sorte de malheur public. Il y a une famille entraînée dans le désastre, une femme, des enfants, des serviteurs, des ouvriers, des créanciers. L'homme n'est pas un solitaire. On a vu des villes ruinées par la ruine d'un homme. Dans le commerce surtout, la ruine se propage avec une effrayante solidarité.

Si l'homme est ruiné par sa faute, par son imprudence, je n'aperçois guère que ce soit, pour lui et les siens, un moindre malheur. S'il est ruiné par la faute d'autrui, c'est particulièrement douloureux.

Les articles 1382, 1383, 1384 du Code civil sont gros de menaces de procès et de menaces de ruines. N'est-ce pas un service rendu à l'intérêt public que d'écarter ces menaces?

Voulez-vous donc, va-t-on s'écrier, laisser la ruine à celui qui a souffert du dommage, pour en préserver celui qui l'a causé? Non pas certes, je n'ai pas cette pensée insensée. Mais s'il existait une institution qui les sauvât tous les deux de la ruine, et bien plus efficacement que l'art. 1382 du Code civil?

Cette institution existe, c'est l'assurance.

Elle est, viens-je de dire, bien plus efficace que l'art. 1382 pour la réparation des dommages. En effet, le recours à cet article est presque toujours illusoire, à raison de l'insolvabilité de l'auteur de la faute. Il importera fort peu aux propriétaires de l'usine et du navire qu'auront dévorés les flammes de savoir au juste le nom de l'ouvrier et du matelot qui auront mal éteint une pipe. La preuve est difficile, et l'humble aveu du coupable ne serait pas d'un plus grand secours. Franchement, l'assurance vaut mieux. Puis, l'art. 1382 n'apporte pas même un recours théorique pour la cause inconnue, pour la preuve douteuse, pour le cas vraiment fortuit. L'assurance vaut mieux, et, en comparaison, l'art. 1382, qui n'est même pas une menace pour l'insolvable, est une pauvre ressource.

C'est l'immense bienfait social de l'assurance de préserver des ruines. Qu'il lui soit permis de préserver aussi des procès, ce sera un autre bienfait social. Qu'il lui soit permis de préserver de la ruine l'honnête homme qui aura eu des préposés imprudents, et l'honnête homme qui aura pu commettre personnellement une imprudence *excusable*. Qu'il soit permis aux citoyens entre eux, alors qu'ils ont à leur disposition l'assurance, de s'affranchir réciproquement, par la libre convention, des menaces de querelles, de recours et de procès irritants. Et pour en revenir à l'objet spécial de cette discussion, qu'il soit permis aux armateurs et aux chargeurs de débattre librement les clauses de leurs chartes-parties et de leurs connaissements.

Il y a, en cette matière spéciale, ceci de très remarquable qu'en France le législateur a déclaré l'intérêt du commerce des armements un intérêt public, méritant des faveurs et des privilèges. L'art. 216 du Code de commerce est un privilège, qu'avec beaucoup de bons esprits j'estime exorbitant. Qu'on veuille bien le rapprocher de l'art. 1384 du Code civil ! Voici une classe de citoyens, les armateurs, qui, en l'absence de toute convention, n'ont qu'une responsabilité limitée des fautes les plus grossières du préposé de leur choix. Ce n'est pas tout. Si le navire a péri, l'armateur assuré reçoit le montant de l'assurance et n'éprouve pas le plus léger préjudice. En outre, en dépit de tous les principes du libre échange, une loi du 29 janvier 1881 met à la charge du Trésor public, ou du budget, des subventions à la marine marchande, et les paysans de l'Auvergne paient des impôts pour subventionner les armateurs du Havre et de Marseille. Je ne discute pas, je constate. C'est en présence de telles faveurs, de tels privilèges concédés à l'intérêt public de la marine qu'on contesterait à ces mêmes armateurs du Havre et de Marseille la faculté de s'exonérer, par la libre convention, vis-à-vis des chargeurs avec lesquels ils contractent, de la responsabilité des fautes de matelots et de préposés subalternes.

On objecte qu'il y a un danger d'ordre public à supprimer la responsabilité des fautes, des imprudences, des incuries, que ces incuries aboutissent trop souvent à des pertes de navires et à des sacrifices de vies humaines, en sorte que c'est compromettre même les intérêts de l'humanité. Je ne méconnais pas la puissance de cette considération; je fais observer seulement que l'objection se dresse, avec bien plus de force encore, contre l'institution des assurances. Il n'y a point de médaille qui n'ait son revers, ni de tableau qui n'ait d'ombre. Que de fois ne l'ai-je pas dit? L'assurance, comme ombre au tableau de ses bienfaits, a le très grave inconvénient d'effacer l'intérêt à la conservation, d'éteindre le sentiment de la conservation, par là d'endormir la vigilance et d'engendrer les incuries. Il est constaté par l'expérience, il est certain que les navires qui ne sont pas assurés se perdent moins que les navires assurés et les navires assurés pour la moitié de leur valeur moins que ceux dont la valeur entière est garantie. Il est certain que, dans une usine qui ne serait pas assurée, on saurait prendre contre l'incendie des précautions plus vigilantes. L'assurance porte des responsabilités bien autrement lourdes que celles de toutes les clauses des connaissements. Quelqu'un propose-t-il de supprimer l'assurance?

L'article 216, combiné avec l'assurance, porte aussi le poids de lourdes responsabilités, en déchargeant celle de l'armateur. Que signifient les clauses des connaissements, quand la faute amène la perte totale du navire et peut-être de l'équipage? C'est précisément dans ce cas que l'armateur, indemnisé par l'assurance, se libère au moyen de l'abandon dérisoire de l'épave engloutie. Quelqu'un propose-t-il d'abroger l'article 216? Le congrès d'Anvers a demandé de l'introduire dans le Code universel des nations maritimes.

Combien sont inoffensives, en comparaison, les clauses des connaissements au sujet desquelles on s'agite ! Presque toujours il s'agit de dommages partiels à des marchandises, de vices d'arrimage, de défaut de soins, de retardements, de fausses directions, ce qui ne fait périr aucun navire. En cas de perte totale, le chargeur assuré ne se plaint pas. Une des clauses les plus choquantes, à mon avis, est celle qui stipule le fret acquis nonobstant la perte de la marchandise. Le transport n'a pas eu lieu et le prix du transport est payé. Il se trouve que l'article 302 du Code de commerce a expressément permis cela, et personne ne réclame. Pourquoi ? Le chargeur assuré a compris dans l'assurance le fret exigé d'avance, il est indemnisé. C'est toujours l'assurance qui absout les fautes.

Qu'au moins l'assurance ne les récompense pas en couvrant des valeurs exagérées. Que non contente d'effacer l'intérêt à la conservation, elle ne crée pas l'intérêt à la perte des choses. Voilà ce qui est immoral et contraire à l'ordre public. Voilà où le législateur a le droit et le devoir d'intervenir en restreignant la liberté des conventions. Je me suis maintes fois élevé avec énergie contre ce désordre des assurances exagérées. L'Ordonnance de 1681 n'y allait pas de main-morte pour le réprimer. L'art. 22 du Titre des assurances porte : « Défendons de faire assurer des effets au-delà de leur valeur, à peine de nullité de l'assurance *et de confiscation des marchandises.* » Mais le législateur moderne est timide. Il laisse subsister le désordre, par un respect excessif de la pratique commerciale de la valeur agréée. Je loue le congrès d'Anvers d'avoir rendu hommage au principe. Le Congrès a lui-même été timide, presque repentant d'avoir osé permettre la discussion de la valeur agréée. On a vu qu'il s'est empressé de dire que la valeur agréée du navire ne pourrait pas être réduite, malgré la preuve de la dépréciation survenue. C'est bien créer à l'armateur l'intérêt à la perte de son navire. Peut-être les membres qui, par leur insistance, ont arraché cette infraction au principe et cette concession illogique ont-ils, par un autre illogisme, demandé de restreindre, quant aux clauses des connaissements, la liberté des conventions.

Je sais bien quel serait le remède au mal constitutionnel de l'assurance, qui est d'endormir la vigilance en effaçant l'intérêt à la conservation des choses. Ce serait d'exiger que l'assurance ne fût pas intégrale et laissât subsister un intérêt à la conservation. Je n'ai pas le mérite d'avoir inventé ce moyen, que j'ai employé bien souvent. Il est écrit dans l'Ordonnance de 1681. L'art. 18 du Titre des assurances porte : « Les assurés courront « toujours risque du dixième des effets *qu'ils auront chargés...* » Mais l'article, en permettant aussitôt la convention contraire, n'a eu aucune efficacité. Il est très singulier de remarquer que le texte ne s'applique qu'*aux effets chargés*, non au navire lui-même. Cela semble une distraction du rédacteur. Je comprendrais mieux que les tiers chargeurs, étrangers à la conduite du navire, pussent recourir à l'assurance intégrale, et que cela fût interdit aux armateurs.

Revenir à la pensée de l'Ordonnance, en la généralisant et en prohibant la convention contraire, ce serait tentant. Alors subsisterait l'intérêt à la conservation, sans la menace de la ruine. Ce n'est pas la ruine que de perdre le dixième de la valeur de sa chose. Alors la vigilance ne s'endormirait pas, les imprudences emporteraient leur peine, et les incuries ne seraient pas impunies. Alors aussi il ne serait pas illogique de limiter la liberté des conventions d'exonération des responsabilités. Les auteurs ou les garants d'une faute devraient supporter toujours le dixième au moins des dommages. Alors enfin la logique exigerait qu'on amendât l'art. 216, et que l'abandon facultatif ne libérât les armateurs que des neuf dixièmes de la responsabilité.

C'est une thèse de législation très soutenable et assez séduisante. Cependant personne ne l'a soutenue, au congrès d'Anvers ni ailleurs, et je ne la soutiens pas moi-même. Les mœurs universelles la repoussent, et l'on ne va pas à l'encontre des mœurs. Beaucoup d'affaires, et des plus sérieuses, seraient entravées. Le commerce vit de crédit, le crédit se retirerait ou ne se prêterait qu'à usure. Veut-on qu'un banquier prête un million sur le gage d'une chose périssable en s'exposant à perdre cent mille francs? L'un des grands bienfaits de l'assurance est d'être un puissant instrument de crédit. On ébranlerait cette puissance. Attirerait-on aussi les capitaux vers les armements, les usines, les entreprises quelconques, en leur imposant d'avance un risque d'un dixième? Et puis, quant aux exonérations de responsabilité, la clause pourrait être entièrement illusoire. Si le dommage dont je suis responsable, par ma faute ou celle de mes préposés, est d'un million, si je ne possède que cent mille francs, qu'importe que j'aie pu m'exonérer des neuf dixièmes? Je n'en serai pas moins ruiné.

Non, la thèse n'est que spécieuse. Elle ne résiste pas à l'observation des faits et des mœurs. Elle doit être abandonnée.

N'y a-t-il donc aucune ressource, aucune garantie contre les abus? Car les abus de la liberté existent incontestablement, en cette matière comme en toutes les autres. Après tant d'essais d'une définition philosophique de l'homme, je serais tenté de proposer la mienne : l'homme est un animal qui abuse de sa liberté.

Il y a deux garanties : la réaction des intérêts lésés, refusant de signer plus longtemps les conventions abusives, et la sagesse de la jurisprudence.

Est-ce que les chargeurs de marchandises ne sont pas libres de refuser de signer les clauses abusives des connaissements dont ils se plaignent? Au lieu d'implorer le législateur, qu'ils se défendent eux-mêmes en résistant et en se servant de leur liberté.

Ici, je ne puis m'empêcher de trouver d'une singulière faiblesse l'argumentation des chargeurs, à laquelle M. Ch. Le Jeune, d'ordinaire si judicieux, semble s'associer. « Des formules imprimées de connaissements leur sont imposées par le monopole « des grandes Compagnies et l'entente des armateurs, *et ils ne sont « pas libres de les refuser.* »

Autant dire que les formules imprimées des polices étant établies par les assureurs, les assurés ne sont pas libres d'y proposer des dérogations. Je ne me suis pas aperçu que les assurés s'en gênassent.

Si les armateurs peuvent se concerter et se coaliser, les chargeurs le peuvent aussi. Les chargeurs ont des chambres syndicales et des chambres de commerce pour y centraliser l'expression de leurs vœux. Les armateurs ont encore plus besoin d'eux qu'ils n'ont besoin des armateurs. La concurrence est partout, le monopole nulle part. Les chargeurs peuvent se grouper et créer une flotte pour échapper au monopole. Cela s'est vu, et au Havre la Compagnie des Chargeurs Réunis est une très puissante société d'armements. Les armateurs ne créeront pas de marchandises pour les transporter. Que demain tous les chargeurs ou les principaux chargeurs du Havre s'entendent pour refuser telle clause insolite des connaissements; après demain les armateurs du Havre auront capitulé. Que les chargeurs sachent donc s'entendre et se défendre, au lieu de courir de congrès en congrès, à la vaine poursuite de la chimère d'une formule de connaissement uniforme, au lieu d'adresser au législateur leurs doléances éplorées, ou bien que les chargeurs convoquent un congrès, non de jurisconsultes, mais de chargeurs, où ils décideront les clauses qui seront refusées. Ils n'ont besoin, pour cela, ni de lois ni de légistes.

En France, les chargeurs se sont fort peu agités, pourquoi ? Parce qu'ils trouvent chez les assureurs la garantie de toutes les clauses des connaissements. Les assureurs ne se sont pas agités davantage, pourquoi ? Parce qu'ils ont peu souffert de leur complaisance. Il y a eu quelques espèces assez irritantes, de fort médiocre importance ; au résumé, peu de dommage. Je ne serais pas plus touché des doléances des assureurs que de celles des chargeurs. Les assureurs aussi sont libres de se concerter. Quand les assureurs estimeront que leurs intérêts sont vraiment lésés par leur complaisance envers leur clientèle de chargeurs, ils refuseront de garantir telle clause abusive des connaissements. A l'instant, les chargeurs avertis, se sentant lésés à leur tour, refuseront de consentir la clause abusive, qui disparaîtra. C'est la liberté des conventions, c'est la loi économique de l'offre et de la demande, plus puissante que les délibérations des congrès. Et je suis toujours ramené à dire que la question est dominée par celle des assurances.

On se moquerait, avec raison, des assureurs, s'ils s'assemblaient en congrès pour demander au législateur des lisières.

Il y a une seconde garantie, la sagesse de la jurisprudence, protectrice naturelle des libertés légitimes, protectrice aussi des intérêts de l'ordre public et de la morale ; de la jurisprudence, qui, mieux que la législation, pose les limites, assez mobiles, qui dépendent des temps et des mœurs. La liberté a son écueil et son excès, qui est la licence. La licence doit toujours être réprimée. En matière de conventions, où commence la licence ? C'est à la sagesse de la jurisprudence à l'apprécier, ce que ne saurait bien faire la législation. Comment demander à des textes la distinction de la faute excusable et de celle qui ne l'est pas, de la faute légère et de la faute lourde qui confine au dol ? *Lata culpa, quæ dolo æquiparatur.* La solution juridique de la question que je traite est cependant là et non ailleurs.

Ainsi, j'ai établi que l'assurance contre l'incendie garantit nécessairement la faute des préposés et même la faute personnelle, sans quoi elle serait illusoire. Nul n'achèterait la garantie, puisque tous les incendies, sauf ceux qu'allume la foudre, proviennent d'une faute. Si pourtant un cultivateur en goguette allumait un feu de joie au milieu de ses meules de paille, si un filateur en liesse, fêtant la naissance d'un enfant, tirait un feu d'artifice au milieu de ses balles de coton, tous deux mériteraient bien que les tribunaux leur refusassent le droit à l'indemnité. Ce serait la faute grossière équivalente au dol, et ne serait-il pas vrai qu'ils se seraient livrés à des divertissements aussi imprudents en fraude des assureurs ?

Il y a déjà des monuments de jurisprudence conformes à cette opinion.

L'assurance contre les accidents de voitures garantit les fautes et n'excepte pas celles du propriétaire de la voiture. Si pourtant, au sortir du café Anglais, un jeune homme, par forfanterie ou gageure, lance au galop sa voiture à travers les embarras du boulevard des Italiens et la brise, la Compagnie d'assurance résistera, et elle aura raison. Ce sera la faute lourde.

L'assurance maritime garantit les fautes, non frauduleuses, du capitaine propriétaire de son navire. Si ce capitaine, refusant l'assistance d'un pilote, bravant les signaux qui interdisent l'entrée du port, a la jactance de vouloir entrer quand même, ce sera la faute lourde, équivalente au dol et commise en fraude des assureurs.

Enfin, l'assurance contre les accidents corporels n'excepte pas les imprudences. L'ouvrier aviné qui aura fait un pari téméraire, insensé, et se sera rompu un bras, méritera-t-il une pension ? A l'égard des assureurs, ce pari était bien dolosif.

Ainsi des clauses d'exonération des responsabilités. L'exemple des assurances éclaire encore la question de tous les connaissements et de tous les contrats d'exonération. La faute lourde, dolosive, laissera subsister la responsabilité, malgré la convention. J'ai le droit de stipuler avec mon fermier ou mon voisin que je ne l'indemniserai pas des dégâts de mes lapins. La convention, qui est fréquente, est parfaitement licite et doit être respectée. Oui, tant que je ne dénature pas, par mon fait, les conditions normales, prévues de la convention. Mais si, le lendemain de la signature, quand mon fermier ou mon voisin aurait compté sur la continuation d'habitudes modérées, je répandais dans mon bois mille lapins qui ravageraient toute la récolte, la convention ne me protégerait plus, je l'aurais fraudée. Cela n'empêcherait pas qu'elle n'eût été, en elle-même, parfaitement licite.

La loi ne peut pas définir la faute lourde, préciser les imprudences inexcusables, ni compter les lapins. La jurisprudence appréciera. J'aperçois deux idées justes qui pourront la diriger, celle que je viens d'exprimer par le mot *inexcusable*, une seconde plus juridique encore peut-être. Le juge se demandera si un homme d'une prudence moyenne aurait commis l'acte constaté, au cas où il n'aurait pas été garanti, soit par une assurance, soit par la clause d'exonération. La faute que l'assuré n'aurait pas commise s'il n'avait pas été assuré sera bien dolosive à l'égard des assureurs. Celle que le contractant n'aurait pas commise s'il ne s'en était pas exonéré d'avance sera pareillement dolosive. Dans la question spéciale du connaissement, le juge sera indulgent pour la société d'armements habituellement soigneuse, ayant des services bien organisés, des équipages d'élite, comme la société des Messageries Maritimes, dont un préposé, parce que l'homme est faillible, aura commis un jour une faute qui sera une sorte d'accident. Il sera sévère, ce sera protéger l'intérêt public, pour la société parcimonieuse qui recrute au rabais un personnel insuffisant, quand la nature ou la récidive des fautes révèlera le vice d'une administration négligente. Ainsi que je le disais tout à l'heure, cela n'empêchera pas les clauses des connaissements d'avoir été, en elles-mêmes, parfaitement licites.

C'est la conclusion de toutes les observations qui précèdent. Je me prononce nettement pour la liberté des conventions. Je ne demande pas au législateur de la restreindre. J'invite les chargeurs à savoir se défendre par la liberté de la convention, au lieu de porter au législateur leurs doléances. Ils ne sont pas en tutelle, et, s'ils le veulent bien, ils seront les plus forts. J'invite la jurisprudence à ne pas accorder l'impunité à la faute lourde qui confine au dol : *lata culpa quæ dolo æquiparatur.*

Je crois que le congrès d'Anvers s'est trompé en proposant de restreindre, sur quelques points qu'il a essayé de préciser, la liberté des conventions. Je reprends, comme particulièrement frappant, l'exemple du *vice d'arrimage*, une des exceptions proposées. On va voir si le vœu n'est pas irréfléchi.

J'habite Paris. Je puis me rendre propriétaire d'un navire. Je ferai presque acte de bon citoyen, la loi française m'y incite par l'offre d'une subvention. Je négocie l'affrétement de mon navire avec un négociant du Havre. Je suis de la plus épaisse ignorance sur les conditions d'un bon arrimage. C'est un art tout spécial. Il y a au Havre des arrimeurs dont c'est la profession. D'ordinaire ils sont payés et choisis par les armateurs, et il est bien clair que des chargeurs isolés, *en cueillette*, sont obligés de laisser l'arrimage aux armateurs. Mais comme je traite d'un affrétement en bloc, je dis à l'affréteur : Je ne veux absolument pas répondre des vices d'arrimage. Je n'y entends rien, je ne connais pas d'arrimeurs et je ne connais pas vos marchandises ; choisissez et payez vos arrimeurs vous-même. — L'affréteur accepte en exigeant naturellement une diminution du fret. J'accepte à mon tour la réduction du fret. Marché fait, la charte-partie est ainsi dressée. — Je demande si, parmi les membres du congrès d'Anvers, si, dans le monde entier, il se rencontrera un jurisconsulte pour soutenir que cette convention si pure, si loyale, si sensée, doit être déclarée nulle, comme contraire à la morale et à l'ordre public ?

Cependant je ne m'abuse pas. Je lis bien sous la solution n° 11 du congrès d'Anvers :

« Il doit être interdit aux propriétaires de s'exonérer d'avance « de leur responsabilité... pour tous les faits qui auraient pour « effet de causer des dommages *par vice d'arrimage*. »

Qui sait? Si j'avais siégé au congrès d'Anvers, peut-être aurai-je voté, avec la majorité, cette disposition que, plus recueilli, je n'hésite pas à condamner, ou d'autres solutions que j'ai vivement critiquées. C'est l'inconvénient des assemblées nombreuses, quelles que soient les lumières de leurs membres. Il y a des entraînements de parole, des irréflexions, des surprises. On n'approfondit pas, en huit jours, tant de questions avec un loisir suffisant. Je me souviens que la Commission de 1865, dont j'avais l'honneur de faire partie, a travaillé pendant trois ans.

Les lumières abondaient au congrès d'Anvers. Des commissions laborieuses préparaient les solutions. Les discussions concernant le Droit maritime étaient dirigées avec autant de talent que de bienveillance par un jurisconsulte très distingué lui-même, M. Victor Jacobs, ancien ministre en Belgique. Je citerai encore le très précieux concours de M. Spée, greffier du tribunal de commerce d'Anvers. Beaucoup d'idées justes ont été remuées. Des solutions judicieuses ont été votées. Il y a eu des lacunes inévitables et des imperfections que je m'excuse d'avoir librement signalées, dans un recueillement plus propice à l'examen approfondi des problèmes juridiques. Partisan résolu de la liberté des conventions, je dois l'être de la liberté de discussion. Celle-ci a quelquefois aussi ses licences. Elle a ses barrières de déférence et de courtoisie, que j'espère n'avoir pas franchies.

Paris. — Imp. F. Pichon, 30, rue de l'Arbalète, & 24, rue Soufflot.

OUVRAGES DU MÊME AUTEUR :

Commentaire des Polices d'assurances maritimes. 1 vol. in-18.. 3 fr.

Les caisses de prévoyance. 1 vol. in-18.............. 3 »

Les Sociétés anonymes. Examen de la loi du 24 juillet 1867. 1 vol. in-18.. 3 »

Précis de l'assurance sur la vie. 1 vol. in-18......... 2 »

De l'assurance par l'État. Brochure.................. 1 »

Essai sur les lois du hasard. 1 vol. in-12.............. 2 »

Un procès d'assurance maritime en Angleterre. 1 broch. in-8.. 1 50

Les deux sortes de traités de réassurance. 1 broch. in-8.. 1 50

Théorie des annuités viagères et des assurances sur la vie (traduit de l'anglais de Francis Daily). 2 vol. in-8.. 10 »

Questions de droit maritime. 3 vol. in-8............... 15 »

1re série, 1877, 1 vol. in-8................ 5 fr.

I. L'emprunt à la grosse du capitaine. — II. Le fret. — III. L'abordage. — IV. L'avarie commune. — V. Les choses qui peuvent être assurées. — VI. La réticence et l'erreur. — VII. — Le vice propre de la chose. — VIII. La double assurance.

2e série, 1879, 1 vol. in-8............... 5 fr.

I. La baraterie de patron. — II. Les limites de la responsabilité personnelle. — III. La responsabilité des armateurs devant la juridiction administrative. — IV. L'abandon du navire aux créanciers après le naufrage. — V. L'absence des navigateurs disparus. — VI. Avarie commune : les règles d'York et d'Anvers. — VII. Le délaissement. — VIII. L'assurance du fret et du profit espéré.

3e série, 1885, 1 vol. in-8................ 5 fr.

I. Le sauvetage et l'assistance. — II. Les subventions de l'État à la marine marchande. — III. Le vrai caractère de l'art. 347. — IV. Une étrange doctrine en matière d'avarie commune. — V. L'influence du télégraphe sur le droit maritime. — VI. La responsabilité des propriétaires de navires en Angleterre et en France. — VII. L'abandon et le délaissement. — VIII. De l'esprit de transaction dans le Droit.

Paris. — Impr. F. Pichon, 30, rue de l'Arbalète, et 24, rue Soufflot.

www.ingramcontent.com/pod-product-compliance
Ingram Content Group UK Ltd.
Pitfield, Milton Keynes, MK11 3LW, UK
UKHW020415220726
13923UKWH00004B/1964

9 782329 066837